RATUS POCHE

COLLECTION DIRIGÉE PAR JEANINE ET JEAN GUION

Des dieux
et des héros

Les histoires de toujours

- Icare, l'homme-oiseau
- Les aventures du chat botté
- Les moutons de Panurge
- Le malin petit tailleur
- Histoires et proverbes d'animaux
- Pégase, le cheval ailé
- Le cheval de Troie
- La légende des santons de Provence
- Les malheurs du père Noël
- À l'école de grand-père
- L'extraordinaire voyage d'Ulysse
- Les douze travaux d'Hercule
- Les mille et une nuits de Shéhérazade
- La malédiction de Toutankhamon
- Christophe Colomb et le Nouveau Monde
- Des dieux et des héros

© Hatier Paris 2012, ISSN 1259 4652, ISBN 978-2-218-95878-6

Des dieux
et des héros

Des récits d'Hélène Kérillis
illustrés par Gabriel Rebufello

Les personnages de l'histoire

Sept légendes

L'or de Midas .... p. 7

L'enlèvement d'Europe .... p. 15

Prométhée et la création des hommes .... p. 23

Orphée aux Enfers .... p. 31

Phaéton et le char du Soleil .... p. 39

La disparition de Perséphone .... p. 49

La trop belle Psyché .... p. 59

L'or de Midas

Il existe toutes sortes de rois : bons ou cruels, orgueilleux ou simples, guerriers ou paisibles… Mais les plus amusants, ce sont les étourdis. Comme le roi Midas, qui régnait en Macédoine : on l'aimait bien ce brave Midas, même s'il oubliait sa couronne, perdait ses affaires ou parlait à tort et à travers ! Ce qui lui valut tout de même une drôle de mésaventure !

Un jour, on découvrit un vieil homme endormi au milieu du jardin de roses de Midas. Qui avait osé pénétrer dans le parc royal ?

Ne sachant pas à qui ils avaient affaire, les jardiniers réveillèrent rudement le dormeur et l'emmenèrent enchaîné devant le roi.

Le prisonnier marchait lourdement et se plaignait d'un fort mal de tête.

– Sire, voici un homme qui a écrasé vos roses ! Il était endorm…

– Vous l'avez attaché ? s'écria le roi. Libérez-le immédiatement !

Étonnés, les gardes obéirent aussitôt. Midas avait reconnu le vieux Silène, le joyeux compagnon du dieu des vendanges et du vin, Dionysos. Jamais les humains ne devaient porter la main sur un ami des dieux, encore moins l'enchaîner comme un vulgaire bandit ! Midas présenta toutes ses excuses à l'ex-prisonnier et lui demanda :

– Que t'est-il arrivé ?

– Je… Je crois que j'ai un peu trop fait la fête cette nuit. Où est Dionysos ? Tu ne l'as pas vu ?

Visiblement, Silène avait encore les idées bien embrouillées ! La fête de la veille avait dû se passer dans l'Olympe, le séjour des dieux, puis déborder sur Terre. Qui sait comment le vieux Silène avait abouti dans les roses de Midas ! Il ne se souvenait de rien…

– Dionysos a dû partir sans moi ! soupira-t-il.

Son ventre rebondi l'avait sans doute empêché de suivre le rythme endiablé du cortège de Dionysos et il était resté en arrière. Midas, qui aimait bien faire la fête lui aussi, savait que les lendemains sont parfois douloureux…

De plus, c'était un roi généreux. Et recevoir chez lui le compagnon d'un dieu, cela ne se refusait pas ! D'autant que Silène avait toujours le mot pour rire, du moins quand il était en forme.

– Je t'invite. Reste chez moi, profite des roses et de tout le palais tant que tu veux !

Pendant ce temps, Dionysos avait remarqué l'absence de Silène. La bonne humeur de son compagnon lui manquait. Bien sûr, il n'était plus aussi agile qu'autrefois, et il arrivait souvent qu'il rentre bon dernier après une fête endiablée. Mais il rentrait toujours. Pas cette fois. Où était-il donc ? Alors que Dionysos s'apprêtait à lancer des recherches, il vit venir à lui le roi Midas. Avec sa suite royale, il lui ramenait son cher Silène, tout souriant.

– Je vois que tu as pris du bon temps chez Midas !

– Oh oui ! répondit Silène. Voilà un roi qui sait recevoir.

Dionysos tourna vers Midas son visage couronné de feuilles de vignes et de raisin :

– Eh bien, en remerciement, je suis prêt à t'accorder tout ce que tu désires. Parle ! Ton souhait sera réalisé.

Ah ! Si, pour une fois, il avait pris le temps de réfléchir ! Mais non ! Midas l'étourdi, Midas le

Quel est le souhait de Midas ?

tête-en-l'air, Midas se dépêcha de parler, et bien sûr, il parla à tort et à travers…

– Je voudrais que tout ce que je touche se transforme en or !

– Que tout… ? Ha ! Ha ! Ha ! Accordé ! s'écria Dionysos.

Et il disparut en riant, accompagné de Silène et de tout son joyeux cortège. Midas se frottait les mains, tout excité.

– Si c'est vrai, je suis l'homme le plus riche du monde ! Le plus heureux ! Le plus puissant !

Le rire du dieu l'inquiétait bien un peu : est-ce que c'était vraiment vrai ? Dionysos lui avait-il réellement fait ce don fantastique ? Et si ce n'était qu'une plaisanterie ?

– Voyons ça…

Midas étendit le bras. Sa main toucha un brin d'herbe. Ting ! Il se mit à briller d'un éclat jaune.

– Un brin d'or ! s'écria Midas, émerveillé.

Il toucha un épi de blé. Ting, en or ! Une fleur, ting, en or ! Un caillou, ting, en or ! Une motte de terre, ting, en or !

– Ça marche ! Ça marche ! hurlait Midas, fou de joie.

Les serviteurs du roi croulèrent vite sous des

tonnes d'or. On mit des heures à rentrer au palais. Midas toucha les portes de bois, les voilà portes d'or. Aucun empereur à sa connaissance n'en avait jamais eu de pareilles. Épuisé de bonheur, il se laissa tomber sur un siège. Qui devint aussitôt un trône en or massif.

– Un peu dur, peut-être… Qu'on m'apporte un coussin bien moelleux !

– Un coussin moelleux pour le roi Midas !

Mais quand il voulut le placer derrière lui, ting, en or ! le coussin devint dur comme du métal. Tant pis… Tant mieux ! Encore de l'or ! Toutes ces émotions avaient creusé l'appétit du roi.

– Holà ! Qu'on me serve un bon repas !

On prépara la table. Midas y posa les mains. Ting, en or ! On apporta assiette et coupe à boire. Ting, en or ! On posa une corbeille de fruits devant le roi. Midas saisit une pomme. Avant qu'il n'ait eu le temps de la porter à ses lèvres, ting, en or ! Alors Midas se pencha vers la table et mordit directement dans une grappe de raisin sans la toucher de ses mains. Ting ! firent ses dents contre le métal jaune. Une coupe de vin ? Ting ! Ses lèvres ne rencontrèrent que de l'or solide.

– Ça… Ça ne va pas durer… murmura Midas pour lui-même.

Mais cela dura. Le lendemain soir, Midas n'en pouvait plus de faim et de soif. Et son cœur souffrait plus encore : embrasser ses enfants ? Impossible ! Ou ils deviendraient statues d'or comme le malheureux serviteur dont il avait saisi la main !

De l'or, toujours de l'or ! C'était insupportable ! Inhumain ! Maintenant, Midas enviait le plus pauvre de ses sujets, qui pouvait boire, manger, tenir dans ses bras sa famille. Lui, Midas, était à la fois l'homme le plus riche et le plus misérable de la terre.

Affamé, assoiffé, désespéré, dégoûté de l'or, Midas s'en fut retrouver Dionysos :

– J'ai parlé à tort et à travers ! Dionysos, par pitié, délivre-moi de la malédiction de l'or !

Qu'allait faire le dieu ? Midas avait reconnu son étourderie. C'était un bon point. Cette mésaventure lui servirait peut-être de leçon : il réfléchirait à deux fois au lieu de se précipiter étourdiment sur la première idée venue… Et puis le dieu du vin appréciait Midas pour sa générosité.

– Soit ! Tu vas voir, c'est facile ! Remonte à la source du fleuve Pactole. Baigne-toi dans ses eaux et tu seras délivré.

Ainsi fit le roi. Quand il plongea dans la source, tout l'or passa de son corps au fleuve. Midas redevint semblable aux autres hommes : il toucha une motte de terre, un caillou, une fleur, un brin d'herbe sans entendre le moindre ting. Surtout, il put de nouveau embrasser ses enfants.

– L'or ne fait pas le bonheur, croyez-moi ! leur dit-il.

Depuis, le Pactole charrie des paillettes d'or. Si les hommes étaient sages, ils les laisseraient dans les eaux du fleuve…

L'enlèvement d'Europe

Personne ne savait comment c'était arrivé. La nouvelle courut de bouche en bouche et parvint jusqu'au roi Agénor : la totalité de son troupeau était introuvable. Taureaux, vaches, veaux, tout s'était volatilisé comme par enchantement.

– Mes bêtes ont disparu ?

Le roi Agénor n'en croyait pas ses oreilles. Le voler, lui, le puissant roi de Tyr ! Lui qui régnait sur la Phénicie, un pays au centre du monde, entre Orient et Occident. Le roi était furieux. Il envoya ses gardes à la recherche du troupeau. Ils firent le tour des prairies, battirent les buissons, parcoururent les routes qui partaient vers le Nord, vers le Sud et vers l'Orient. Rien.

– Reste l'Occident, dit le chef des gardes.

– Ce n'est pas possible ! lui répondit-on.

Car alors le voleur serait fou : vers le soleil couchant, il n'y avait que la mer. Comment cacher un troupeau de bêtes sur une plage ? Et pour aller où ? Les vaches ne savent pas nager !

– Allons voir tout de même ! reprit le chef des gardes.

Ils rebroussèrent chemin, mais cela allait prendre du temps : ils étaient loin à l'intérieur des terres.

Que se passait-il au bord de la mer ? La belle Europe, la fille du roi, était venue se promener avec ses compagnes. Elles avaient joué à la balle, couru sur le sable, trempé dans l'eau le bout de leurs pieds, ramassé des fleurs, et maintenant elles tressaient des guirlandes tout en discutant à l'ombre d'un arbuste. Europe levait souvent la tête et contemplait la mer. Elle se posait toujours la même question en regardant vers l'Occident :

– Qu'y a-t-il là où le soleil plonge sous l'horizon ?

Elle rêvait de voyages lointains, là-bas, vers l'inconnu. Mais elle le savait, son destin était sans doute déjà tracé : fille de roi, elle épouserait un prince d'un pays voisin. Europe chassa tous ses rêves et se pencha de nouveau sur sa guirlande de fleurs.

Soudain, elle entendit le sable crisser tout près d'elle. Elle tourna la tête. Un grand taureau blanc s'approchait, plus beau qu'une statue de marbre. Derrière lui suivait tout le troupeau royal. D'abord, Europe s'inquiéta : que venaient faire les bêtes sur cette plage de sable ? S'étaient-elles enfuies ? Où était donc le gardien du troupeau ? C'est alors qu'elle aperçut un homme, sa houlette de berger à la main. Il se tenait à l'écart, comme intimidé par la princesse. Europe eut l'impression qu'il avait quelque chose de bizarre aux pieds, mais elle n'arriva pas à distinguer ce que c'était. En tout cas, le troupeau ne s'était pas échappé ! Il était sous bonne garde. Les compagnes entouraient le grand taureau :

– Oh, quelles jolies cornes ! On dirait des croissants de lune. Et son pelage ! Un blanc parfait ! Vous avez vu les sabots ? Ils sont satinés comme de l'ivoire !

Le taureau courba la tête devant Europe. Voulait-il la saluer… ou bien l'attaquer ? Un instant, la princesse trembla devant cette masse de chair et de muscles. Mais l'animal se coucha à ses pieds et regarda Europe avec tendresse. On aurait dit un regard humain.

Europe posa le bout des doigts sur le museau, caressa la laine du front, étonnée de sentir cette

Quel taureau va s'approcher d'Europe ?

force de la nature domptée sous sa main. Le taureau, docile, se laissa couronner de fleurs par les jeunes filles. Europe finit par s'asseoir sur son dos, large comme un fauteuil. Doucement pour ne pas effrayer la princesse, l'animal se leva et fit quelques pas le long du rivage. Les compagnes suivirent la monture et sa cavalière en marchant, puis en courant. Parfois, les sabots plongeaient dans la mer, l'eau jaillissait et les jeunes filles riaient et criaient.

Quant à celui qu'elles avaient pris pour le berger, elles n'y pensaient plus. Il regardait la scène d'un air satisfait. Sa mission était accomplie : amener le taureau auprès de la princesse sans l'effrayer. Et pour cela, il s'était servi du troupeau du roi Agénor. Maintenant, il pouvait se retirer. D'un coup de talon il s'éleva dans les airs et disparut, porté par des sandales ailées.

Alors, tout se précipita : les gardes du roi franchirent la dune. Ils poussèrent des cris en apercevant le troupeau et dévalèrent jusqu'à la mer. Le taureau, alerté, changea brusquement d'attitude. Avec un mugissement de triomphe, il fonça vers la haute mer. Cap au large ! Cris des jeunes filles, hurlements des gardes : sur la plage, ce fut la panique.

– Mais que fait-il ?
– Europe ! Reviens ! Reviens !
– Au secours, il enlève la princesse !
– Gardes ! Arrêtez-le !

Trop tard ! Le taureau s'éloignait à une vitesse surnaturelle. Une main tendue vers sa terre natale, l'autre accrochée à une corne de l'animal, Europe se sentait déchirée entre deux mondes : derrière elle, Tyr le royaume d'Orient ; devant elle, l'Occident mystérieux où le soleil plongeait sous l'horizon. Avec le vent, la vitesse et la force qui l'entraînait vers l'inconnu, elle se sentait mille fois plus vivante qu'elle ne l'avait jamais été. Les cris se noyèrent dans le lointain. La princesse ne quitta plus des yeux la mer devant elle.

Déjà les gardes et les compagnes ne voyaient plus qu'une trace d'écume pâle. Puis plus rien. On courut prévenir Agénor. Aveuglé par la douleur, il cria à ses trois fils :

– Phœnix, Cadmos, Cilix ! Cherchez partout ! Fouillez la mer, la terre, le ciel s'il le faut ! Et ne reparaissez jamais devant moi si vous ne me ramenez pas Europe, ma fille bien-aimée !

Phœnix fouilla la terre. Parti vers l'Orient, il traversa des villages où les hommes semblaient se nourrir de cailloux. Personne n'avait entendu parler d'Europe. Cilix fouilla le ciel au sommet des montagnes, au Nord comme au Sud. Il traversa des déserts de sable rouge où de longues caravanes s'étiraient au rythme lent du temps. Personne n'avait entendu parler d'Europe.

Cadmos sillonna la mer. La proue de son navire fendait les eaux vers l'Occident. Parti avec sa mère la reine Téléphassa, il chercha sans se décourager pendant des années. Aucune nouvelle d'Europe. Un jour, il aborda sur une terre inconnue. Là vivait la Pythie, une prêtresse qui savait lire dans le passé comme dans l'avenir. Cadmos n'en pouvait plus d'errer sur les mers. Il demanda :

– Où est ma sœur ? La retrouverai-je un jour ? Où dois-je aller ?

– Ne cherche plus ! Reste ici et fonde une cité nouvelle. Elle s'appellera Thèbes et tu en seras le roi.

– Et ma sœur Europe ? Qu'est-elle devenue ?

– Europe était si belle que le roi des dieux en

personne a été séduit. C'est Zeus, transformé en taureau, qui l'a enlevée ! Hermès, le messager aux sandales ailées, conduisait le troupeau.

– Où est-elle maintenant ?

– Zeus l'a installée reine sur l'île de Crète, entre Orient et Occident. Comme elle, ses descendants rêveront d'aller toujours plus loin à la poursuite du soleil. Regarde l'horizon !

Cadmos se tourna vers le soleil couchant.

– Sois fier de ta sœur. Là-bas, les hommes peupleront un continent qui portera son nom, Europe.

Prométhée et la création des hommes

À l'origine régnait le Chaos : lumière et obscurité, terre et ciel, eau et feu, tout se mélangeait. Puis la Nuit se sépara de son contraire, le Jour. Ensuite apparurent Gaïa, la Terre-mère et Ouranos, le Ciel. Ils eurent pour enfants les Titans, les Géants et les Cyclopes, tous des forces de la Nature.

Enfin les grands dieux occupèrent l'Olympe, Zeus et Héra, puis Hadès, Poséidon, Athéna et bien d'autres. Mais la Terre restait vide. Et au ciel, les dieux s'ennuyaient ferme. Or le Titan Japet avait eu deux fils, Prométhée et Épiméthée, de caractère très différent, mais aussi ingénieux l'un que l'autre. Zeus les fit venir et leur dit :

– Je vous charge d'inventer toutes sortes de créatures pour peupler la Terre. Vous pouvez utiliser tout ce que vous voulez à une seule exception : l'immortalité. Vos créatures devront mourir, car seuls les dieux sont immortels.

Épiméthée trouva la chose très amusante et se mit tout de suite à inventer.

Prométhée, d'un caractère beaucoup plus posé, commença par réfléchir. Il voulait inventer un être capable de penser. Il saisit une poignée de terre glaise, puis une autre et, comme un potier façonne un pot, il commença à fabriquer une créature.

– Voyons… Je lui mets deux pattes ou bien quatre bras ? Ou bien des ailes ? Il nagera ou il volera ? Après tout, ce n'est pas ça le plus important. Voyons sa tête : si j'allongeais le crâne ? Ou alors je lui donne un cou capable de faire un tour complet ? Non, ça ne va pas…

Et Prométhée détruisait ses différentes ébauches et recommençait. Il voulait vraiment créer quelque chose d'exceptionnel.

Pendant ce temps, Épiméthée inventait à tour de bras. Son imagination n'avait pas de limite. Avec les gros blocs de glaise, il façonna des mastodontes, éléphants, hippopotames, chevaux, baleines, ours, et bien d'autres encore. Les blocs moyens lui donnaient encore plus d'idées : chiens et chats, loups, rapaces, poules et canards, hérissons, souris, grenouilles… La moindre miette de glaise l'inspirait : il sculpta des araignées, des coccinelles, des abeilles, des mouches, des sauterelles, des vers de terre, des papillons, bref tout ce qui lui passait par la tête. Il inventa des milliers et des milliers de créatures auxquelles il offrit de multiples façons de se débrouiller dans la vie : des cornes, des griffes, des dents, des ailes, une carapace solide, des écailles, des plumes, des poils… Il distribua à la ronde tout ce qu'il pouvait trouver pour les aider à survivre.

Tout fier de lui, il appela son frère Prométhée.

– Regarde tout ce que j'ai inventé. Qu'est-ce que tu en penses ?

– Mais… tu as tout pris ?

– Comment ça ?

– Toutes les armes naturelles pour se protéger et se défendre. Je n'ai plus rien à donner à ma créature !

– Ah bon ? Mais… tu n'en as fait qu'une ? Montre-moi…

Prométhée s'écarta. Épiméthée regarda le résultat du travail de son frère avec étonnement.

– Ah ? C'est ça que tu as inventé ? Quel drôle de… Enfin, oui… C'est pas mal…

Épiméthée ne savait pas quoi dire. Vraiment,

Où est Prométhée ?

son frère n'avait pas beaucoup d'imagination ! Car que voyait-il ? Un corps qui se tenait bizarrement sur deux pattes. Quatre pattes, ç'aurait été beaucoup mieux ! Ou alors, il aurait fallu des ailes, or la créature n'avait que deux bras.

– Pourquoi tu l'as mis debout ? Il va tomber tout le temps, non ?

– Il est debout parce qu'ainsi son visage peut se tourner vers les étoiles. Tes animaux regardent la terre. Seule ma créature saura interroger le ciel. Elle cherchera qui elle est, d'où elle vient et où elle va.

« Quelle drôle d'idée, se dit Épiméthée. Cette créature va se poser des tas de questions, au lieu de vivre, tout simplement, comme tout ce qu'il avait façonné, lui. Au moins, ses créatures étaient physiquement armées, tandis que celle de son frère… Rien pour se défendre, pas de griffes, pas de cornes, pas de crocs. Rien pour se protéger, pas de carapace, pas de plumes, pas de poils ou si peu que ce n'était pas la peine d'en parler. Un corps nu et sans défense. Une proie trop facile… »

Épiméthée hocha la tête avec un peu de mépris.

– Je sais ce que tu penses, dit Prométhée.

– Écoute, je n'ai pas fait exprès de prendre tous les éléments pour se défendre, je croyais que tu te servais en même temps que moi, je…

– Garde tout, je vais me débrouiller autrement.

Prométhée laissa là son frère et disparut toute une nuit et tout un jour. Où était-il allé ?

Épiméthée ne l'apprit que beaucoup plus tard : Prométhée avait réussi à entrer secrètement dans l'Olympe, séjour réservé aux dieux. Il avait fait le tour du domaine, regardant partout. Les gardiens du ciel l'avaient surveillé du coin de l'œil. Ce Prométhée était un peu trop curieux à leur avis.

Avant son départ, ils l'avaient fouillé. Il n'emportait qu'un petit bout de bois sans importance. On l'avait laissé redescendre sur Terre.

Prométhée avait couru vers son frère :

– Regarde ce que je suis allé chercher sur l'Olympe !

– Un bout de bois… Et alors ? Qu'a-t-il de spécial ?

Prométhée retira une sorte de bouchon. La tige de bois était creuse. Épiméthée se pencha.

Il aperçut une braise qui rougeoyait au fond du tuyau. Alors il comprit :

– Le feu ? Tu es allé dérober une graine de soleil ? Mais c'est sacré ! Le feu, ça appartient aux dieux, comme l'immortalité !

– Je vais l'offrir à ma créature, l'être humain. Elle mangera cuit, et non cru comme les bêtes. Ainsi, le feu apportera la civilisation à l'humanité tout entière.

– Zeus est au courant ? Sûrement pas ! Tu es fou ! Il va se venger.

Pour une fois, Épiméthée avait raison.

Quand Zeus vit briller sur Terre des centaines de foyers autour desquels les humains se rassemblaient et parlaient, la fureur le prit :

– Qui a osé offrir le feu sacré à ces misérables créatures ? Avec cette parcelle d'intelligence, qui sait s'ils ne viendront pas un jour faire concurrence aux dieux !

La punition fut horrible : Zeus fit attacher Prométhée à un rocher où un aigle venait chaque jour le torturer. Terrible supplice puisqu'il devait durer mille ans !

Un jour pourtant, Zeus eut pitié. Il fit abattre l'aigle, mettant fin aux souffrances de Prométhée.

Mais il ne retira pas le feu aux hommes. En faisant cuire leur nourriture, ils envoyaient aussi vers les dieux des fumées aux parfums délicieux.

C'est ainsi que l'humanité garda pour toujours cette parcelle de soleil qui la rapproche du ciel.

Orphée aux Enfers

Orphée jouait de la lyre mieux que personne. Quand ses doigts faisaient vibrer les cordes, on se sentait comme ensorcelé. On aurait suivi le musicien au bout du monde. Même effet magique sur les bêtes et les choses : les lions oubliaient d'être sauvages, les arbres retenaient le bruissement de leurs feuilles et les pierres vibraient, comme dotées d'oreilles.

Ce jour-là, Orphée venait d'épouser sa bien-aimée, Eurydice. Il parcourait les collines en jouant de la lyre, laissant derrière lui un sillage de musique. La nature chantait avec lui le bonheur de vivre.

Soudain, un cri. Orphée cessa de jouer. Le cri retentit à nouveau.

– Au… Au secours…

C'était la voix d'Eurydice ! Orphée s'élança. Il écarta les bêtes qui le suivaient, s'égratigna aux buissons, aperçut au loin sa femme, prête à tomber. Il courut jusqu'à elle et n'eut que le temps de la retenir dans ses bras alors qu'elle touchait le sol.

– Eurydice ! Eurydice ! Parle-moi !

Mais la jeune femme ne pouvait déjà plus prononcer un mot. Ses yeux débordant d'amour regardèrent Orphée, sa main toucha le visage de son bien-aimé, puis retomba. Eurydice avait cessé de vivre. Sur sa cheville qui commençait à enfler, étaient imprimés deux points rouges : une morsure de serpent.

Pendant trois jours, parents et amis restèrent auprès d'Orphée, pleurant et gémissant, le cœur déchiré. Eurydice si belle, si jeune, si heureuse et déjà au Royaume des Morts ! Puis ce fut la nuit des funérailles. Le regard fixé sur rien, Orphée suivit le cortège funèbre. Il regarda le corps d'Eurydice qui descendait dans le tombeau. Il resta là, comme mort lui aussi, une seule pensée en tête :

– Sans elle, je ne peux plus vivre.

Il finit par quitter la tombe et se mit à errer sans but sur la Terre. Il recherchait les lieux accordés à sa tristesse, sombres et déserts. C'est ainsi qu'il échoua sur les bords d'un cours d'eau marécageux : c'était le Styx, fleuve qui séparait le monde des vivants du Royaume des Morts, les Enfers.

Orphée contempla longuement les eaux couleur de nuit. S'il n'y avait que ce moyen pour revoir Eurydice, il voulait bien mourir. Il fit un pas dans le fleuve.

Aussitôt, comme surgi de nulle part, un vieillard apparut dans sa barque. C'était Charon, le passeur de l'au-delà.

– Comment oses-tu, toi qui es encore vivant, t'aventurer au Royaume des Morts ?

– Vivant ? Non, je ne veux plus être vivant… Emmène-moi sur l'autre rive.

– Ton temps n'est pas venu ! Je ne fais traverser que les morts.

– Alors prends ma vie ! Emmène-moi ! Je veux retrouver Eurydice !

Charon refusa : ce n'était pas à lui de décider qui devait mourir ou non. Que ce mortel encore en vie retourne d'où il venait !

Orphée se laissa tomber assis sur la berge. Il avait trop de chagrin pour discuter davantage. Il pinça les cordes de sa lyre, fredonnant à mi-voix. Sa musique murmura, gémit et pleura avec des accents bouleversants. Alors le cœur de Charon

Comment Orphée réussit-il à convaincre Charon ?

trembla. Ému aux larmes, il aida lui-même Orphée à monter dans sa barque et le mena sur l'autre rive.

Cependant Orphée n'était pas au bout de son voyage : là se dressait Cerbère, le chien à trois têtes qui gardait férocement la porte des Enfers. Il rugit aussi fort que trois lions ensemble.

– Personne ne doit entrer au Royaume des Morts s'il est encore en vie ! Retourne d'où tu viens !

Les trois gueules du monstre s'ouvrirent, prêtes à avaler l'arrivant. Mais de nouveau, Orphée pinça les cordes de sa lyre qui murmura, gémit et pleura avec des accents bouleversants. Alors le cœur de Cerbère trembla. Il s'écarta et laissa Orphée entrer tout vivant au Royaume des Morts.

Pas un arbre. Pas une fleur. Un paysage couleur de poussière. Des ombres pâles erraient, sans force, les yeux vides, les lèvres blanches. Orphée les croisa en frissonnant. Comment retrouver son Eurydice ? Comment l'arracher à ce terrible monde ? Seuls Hadès et Perséphone, les souverains du Royaume des Morts, avaient la réponse.

Orphée se présenta devant eux. Il s'inclina profondément et prit sa lyre.

– Ô reine, ô roi ! Eurydice, ma bien-aimée, n'est plus. Quand les années auront passé, quand nous aurons vieilli ensemble, alors oui, nos vies vous appartiendront. Mais c'est trop tôt ! Elle est si jeune ! Je vous en supplie, rendez-moi celle que j'aime si fort !

Le chant d'Orphée s'élevait, déchirant, ce chant qui ensorcelait les bêtes sauvages, les arbres et jusqu'aux pierres des chemins. Les ombres des morts oubliaient leur tristesse. Les malheureux condamnés à des peines éternelles sentaient leurs souffrances s'alléger : Sisyphe s'assit sur le rocher qu'il devait hisser en haut d'une montagne et qui roulait en bas dès que le sommet était atteint ; les Danaïdes cessèrent de verser leurs cruches qui devaient remplir un tonneau percé ; Tantale, condamné à mourir de soif devant une rivière qui lui refusait son eau, ne ressentit même plus le désir de boire… Tout le Royaume des Morts était sous le charme d'Orphée. Alors le cœur de Perséphone trembla. Elle se pencha vers son époux et lui glissa quelques mots à l'oreille. Hadès était tout aussi ému. Il dit à Orphée :

– Qu'il en soit ainsi ! Remonte vers la lumière du jour. Eurydice te suivra. Je mets une seule condition : ne te retourne pas avant d'avoir quitté les Enfers, ou tu la perdras à jamais.

Les ombres des morts s'écartèrent, découvrant un tunnel taillé dans le roc. Un chemin remontait vers la surface de la Terre. Orphée, tremblant de crainte et de bonheur à la fois, commença son voyage de retour. Il tenait les yeux fixés devant lui, sur une lueur qui vacillait au loin : le monde des vivants. Il tendait l'oreille, attentif au moindre bruit. Eurydice marchait-elle réellement derrière lui ? Pas un souffle. Pas un froissement de robe. Le silence était insupportable. Orphée avançait cependant. Il n'entendait que le son creux de ses propres pas sur le sentier qui montait, avec parfois un crissement de graviers qui roulaient en arrière.

Enfin, le bout du tunnel. Orphée s'arrêta. Devant lui, le retour à la vie. Derrière, un silence de mort. Si Hadès s'était moqué de lui ? S'il n'y avait personne ? Une fois qu'il aurait franchi la frontière qui séparait les deux mondes, il quitterait le seul lieu où retrouver celle qu'il aimait.

Orphée mit un pied dans le monde des vivants et se retourna, les bras tendus. Eurydice était là, ombre sans poids, dont les pas ne pouvaient qu'effleurer le sol sans le moindre bruit. Elle ouvrit la bouche pour crier le nom d'Orphée. Il saisit l'ombre dans ses bras, serrant de toutes ses forces ce qui n'était déjà plus qu'un brouillard, un souffle d'air, rien. Il entendit son nom dans un murmure de cri et le silence se referma sur Eurydice.

Orphée se retrouva en pleine lumière, coupé du Royaume des Morts, abandonné parmi les vivants. Et pour toujours, seul.

Phaéton et le char du Soleil

– Mon père éclaire le monde. Mon père, c'est Hélios, le dieu Soleil en personne !

Le cœur soulevé de fierté, Phaéton se répétait la nouvelle que venait de lui révéler sa mère Clyméné. C'était incroyable, bouleversant, magnifique ! Au-delà de tout ce qu'il avait pu imaginer ! Désormais, on ne se moquerait plus de lui. On ne le mépriserait plus. Au contraire. On allait le respecter et l'admirer, on allait l'envier, lui, le fils du Soleil !

Mais lorsque Phaéton retrouva ses camarades, rien ne se passa comme il l'espérait :

– Le Soleil, ton père ? Tu nous prends pour des imbéciles ?

– Ha ha ha ! C'est tout ce que tu as trouvé pour nous impressionner ?

Phaéton serra les poings. Ce n'était pas tout d'avoir un père divin, encore fallait-il le prouver ! Pour clouer le bec à tout le monde, il n'y avait pas trente-six solutions : le jeune homme devait aller trouver son père et lui demander une preuve dont personne ne pourrait douter, surtout pas ses stupides camarades !

Phaéton leva les yeux. Il vit le char d'Hélios qui galopait dans les chemins lisses du ciel, avec ses quatre chevaux éclatants de blancheur. Oui, il était prêt à aller jusqu'au bout du monde pour rencontrer ce père céleste. Il fallait traverser les déserts et les fleuves, escalader les montagnes, risquer le naufrage sur la mer, se perdre dans la nuit noire, aller au-delà de l'horizon, jusqu'au point où le ciel touchait la terre... Phaéton se sentait prêt à tout affronter pour qu'enfin on le traite avec respect.

Il partit donc pour le bout du monde. Infatigable, le jeune homme marcha des jours et des jours. Et pendant tout ce temps, pas après pas, il se posa mille fois la même question : que demander à Hélios ? Comment prouver à tous qu'il était bien, lui, Phaéton, le fils du Soleil ?

Après un très long voyage, le jeune homme comprit qu'il était enfin arrivé : au sommet d'une montagne où il faisait encore nuit, il devina un escalier dans la pénombre. Phaéton escalada les marches. Il poussa une lourde porte qui semblait difficilement retenir la lumière de l'univers céleste. Quand il entra dans le palais d'Hélios, il s'arrêta, ébloui : partout de l'or, des cristaux, du marbre blanc, des miroirs. Tout resplendissait du sol au plafond. Et au milieu du palais, assis sur son trône d'or, se tenait le Soleil, sa couronne de lumière sur la tête. Tellement brillante que Phaéton dut fermer les yeux.

– Qui ose pénétrer dans ma demeure ? gronda Hélios.

– C'est… C'est… C'est moi, ton fils Phaéton, murmura timidement le jeune homme. Tu… Tu me reconnais ?

Phaéton se tenait debout, yeux fermés, sans oser s'approcher davantage. Son père allait-il accepter sa présence ? Allait-il l'écouter ? Ou bien le chasser ? Hélios déposa sa couronne trop brillante pour les humains.

– Tu peux rouvrir les yeux, maintenant, dit-il d'une voix douce.

Le Soleil était très heureux de rencontrer ce fils qu'il n'avait jamais vu que de très loin. Il le serra dans ses bras en déclarant :

– Bien sûr que je te reconnais ! De là-haut, je vois tout !

– Si tu savais comme je suis heureux ! s'écria Phaéton, soulagé.

– Tu es bien courageux d'être venu jusqu'à moi ! Je suis fier d'un tel fils.

– C'est moi qui suis fier d'un père comme toi…

– Pour te récompenser, mon cher enfant, je suis prêt à exaucer ton souhait le plus cher. J'en jure par le Styx !

Jurer par le Styx, c'était le plus fort de tous les serments : même les dieux ne pouvaient revenir sur leur parole une fois qu'ils avaient pris à témoin le Styx, le puissant fleuve des Enfers.

Alors Phaéton formula à haute voix la demande à laquelle il avait tant réfléchi :

– Si vraiment je suis ton fils, laisse-moi conduire ton char.

– Conduire mon char ? s'écria le Soleil. Tu n'y penses pas !

– Un jour, un jour seulement !

– Mais c'est impossible ! Tu es beaucoup trop jeune.

– Tu as juré par le Styx !

Hélios était consterné. Conduire le char, c'était très difficile. D'en bas, les chemins du ciel semblaient parfaitement lisses, mais ce n'était qu'une illusion. Il y avait des abîmes, des nuages entassés en montagnes, de brusques changements de vent, des monstres célestes tous plus dangereux les uns que les autres. Et puis les chevaux, puissants, nerveux, n'obéiraient pas à n'importe qui !

– Demande-moi autre chose. Tout ce que tu veux, mais pas ça !

– Tu as juré par le Styx ! répéta Phaéton.

Il tenait tellement à parcourir le ciel ! Non, il ne renoncerait pas. À cet instant, la lune Séléné, sœur d'Hélios, rentra au palais sur son char aux chevaux noirs. C'était la fin de la nuit. Déjà l'Aurore était allée ouvrir la route du jour. Hélios ne pouvait plus attendre. L'attelage devait partir sur le chemin du ciel. Le père tenta encore de faire changer son fils d'avis, de le retenir, en vain. Au moins, il devait lui donner des conseils avant son départ. Peine perdue. Phaéton n'écoutait déjà plus. Il brûlait de partir. Il saisit la couronne de rayons, la posa sur sa tête, s'empara des rênes, et les quatre chevaux blancs s'élancèrent dans le ciel.

D'abord, le jeune homme mena prudemment l'attelage suivant les traces roses laissées par l'Aurore. Ce n'était pas si difficile, se disait-il. Les chevaux connaissaient le chemin, depuis le temps !

Phaéton secouait sa tête lumineuse, ivre de joie et de fierté. Tout en bas, très loin, il vit la Terre qui s'éveillait, les hommes dans les champs, aussi petits que des fourmis, les bateaux sur la mer, minuscules jouets de bois, les routes fines comme des cheveux qui reliaient les cités. Comme c'était beau !

Mais bientôt, le chemin du ciel devint plus difficile : après les voiles de brume transparents, apparurent des nuages de plus en plus épais. On ne voyait plus le passage. Le vent soufflait en tempête. Les chevaux commencèrent à tirer le char de façon désordonnée.

Plus Phaéton avançait, et plus la route se révéla dangereuse : le fils du Soleil évita de justesse les cornes du Taureau céleste. Puis il s'aperçut que le Sagittaire tendait son arc et menaçait de lancer une flèche dans sa direction. Vite, un écart.

Mais alors ce fut le face à face avec le Lion rugissant. Encore un écart. Phaéton était à peine revenu dans le droit chemin que la queue empoisonnée du Scorpion se tendit vers lui. Un écart de plus. Les pinces géantes du Crabe se déplièrent brusquement. Phaéton tira de toutes ses forces sur les rênes. Le char faillit se renverser.

L'attelage se rétablit, mais le mors avait blessé les chevaux. Maintenant, le jeune homme tremblait de terreur. Sa main hésitante laissa trop de flottement. Il n'en fallut pas davantage pour qu'un des chevaux change brusquement de direction, montant presqu'à la verticale. Le soleil partit très loin dans l'espace. Sur Terre, la glace doubla sur les montagnes, la mer se souda en banquise et il y eut une traînée de gel qui tua les jeunes pousses du printemps.

Déséquilibré, le conducteur se cramponna aux rênes comme il put. Un nouvel écart précipita alors l'attelage vers le sol. Cette fois, le feu qui ronflait dans le poitrail des chevaux jeta sur la Terre des flammes longues comme des comètes. Tout fut balayé : les nuages s'évaporèrent ; le sol se fendit ; les forêts flambèrent ; la mer faillit se vider ; des pays entiers disparurent, brûlés, calcinés, réduits à l'état de déserts.

– Holà ! Du calme ! Holà ! criait le jeune conducteur, affolé.

Qu'est-ce que Phaéton a affronté dans le ciel ?

En pure perte. Désormais, les chevaux n'en firent qu'à leur tête. D'ailleurs, Phaéton n'avait même pas pensé à demander leur nom ! Comment aurait-il pu les dompter dans ces conditions ? Ils n'écoutaient plus les ordres, ils ne sentaient même plus le mors ni les rênes. Piétinant l'azur, errant à travers les nuages, ils montaient, ils descendaient et viraient de bord, retournant sur leurs pas !

Terrorisés, les hommes voyaient le soleil tanguer comme un fou dans le ciel et même reculer sur son orbite. Des éclairs, des éruptions, des incendies et des raz-de-marée éclataient partout. On aurait dit la fin du monde. Déjà des millions d'hommes étaient morts ou disparus. Les survivants, terrifiés, levèrent les bras au ciel et supplièrent le dieu des dieux :

– Pitié, ô Zeus !

– L'humanité va périr !

– Pitié !

– Remets le soleil à sa place !

Même l'Olympe, demeure des dieux, était en feu. Zeus n'hésita plus. Il visa le jeune homme et lança sa foudre divine sur lui. Phaéton disparut, zébrant le ciel comme une étoile filante.

Hélios ne put retenir ses larmes : ce fils qui avait eu le courage de venir jusqu'à lui, ce fils si fier de son père, il avait à peine eu le temps de le connaître.

En souvenir de lui, Hélios refusa pendant des mois d'éclairer le monde, cachant sa couronne de lumière derrière les nuages.

Mais le monde était sauvé.

La disparition de Perséphone

Un été sans fin… Des moissons et des fruits tout au long de l'année… Au commencement du monde, les humains vivaient heureux sur Terre, sans connaître l'hiver ni son manteau de glace. Mais un jour, tout changea.

Dans une prairie de Sicile, un groupe de jeunes filles profitait du beau temps. Respirer à fond, prendre le soleil, choisir les plus belles fleurs et tresser des couronnes, voilà comment s'occupaient ces jeunes filles. Sur le vert de la prairie, les robes blanches s'éparpillaient comme un vol de colombes. En tête, la plus belle de toutes, Perséphone.

– Regardez ces narcisses, là-bas ! Je n'en ai jamais vu d'aussi beaux !

Perséphone contourna quelques buissons et enjamba de hautes herbes.

– Mmmmm ! Comme ça sent bon !

La jeune fille ferma un instant les yeux pour respirer le parfum des narcisses. C'était comme boire à une source fraîche par une après-midi brûlante de soleil. À cet instant, un coup de tonnerre éclata dans le ciel pourtant tout bleu. La terre s'entrouvrit avec un grondement de volcan. Des silhouettes surgirent des profondeurs et se jetèrent sur Perséphone. Cris, bousculade, hurlements :

– Haaaaa ! Au secours ! À l'aide !

Et soudain, noir total. La terre se referma, engloutissant l'écho du dernier cri de Perséphone. Au loin, ses compagnes n'avaient pas vu ce qui s'était passé derrière les hautes herbes. Quand elles arrivèrent, essoufflées, au pied des narcisses, elles ne trouvèrent que des fleurs piétinées. Perséphone avait disparu.

Quelqu'un d'autre avait entendu le cri de détresse de Perséphone : sa mère, la déesse Déméter. Inquiète, elle vola jusqu'au groupe de jeunes filles.

– Où est Perséphone ? Que s'est-il passé ?

Pas de réponse. Personne ne comprenait. Perséphone était là et n'était plus là l'instant d'après. Le cœur dévasté, Déméter parcourut la prairie en tous sens, fit et refit cent fois le chemin suivi par sa fille, examina chaque buisson, chaque arbuste, chaque bouquet d'herbes hautes. Ni sandale, ni ceinture, pas même une mèche de cheveux. Rien. Perséphone avait disparu.

Déméter s'effondra. Sa fille adorée ! Où était-elle ? Qui l'avait enlevée ? Car Déméter en était sûre, c'était un enlèvement. Sinon, pourquoi ces narcisses piétinés ? Le ravisseur allait-il lui faire du mal ? Un gémissement de détresse s'échappa des lèvres de la déesse. Non, non, qu'on ne lui fasse aucun mal, à elle qui n'en avait jamais fait !

Sans manger, sans boire, sans dormir, sans penser à rien d'autre qu'à sa fille, Déméter erra pendant neuf jours et neuf nuits à la surface de la Terre. Avec dans chaque main un flambeau, elle éclairait chaque recoin du monde en demandant partout :

– Avez-vous vu quelque chose ? Avez-vous entendu parler de Perséphone ? Savez-vous qui l'a enlevée ?

Que des réponses négatives. Au dixième jour, à bout de forces, Déméter trouva refuge chez les humains. Elle ne voulait pas retourner dans l'Olympe, le séjour des dieux. Elle voulait rester au plus près de l'endroit où on avait aperçu sa fille pour la dernière fois. À voir la pauvre

Déméter pâle, amaigrie, personne n'aurait pensé qu'il s'agissait d'une déesse. D'ailleurs, à quoi bon être déesse si elle ne réussissait même pas à porter secours à sa fille ?

Mais c'est justement parmi les humains qu'elle finit par avoir des nouvelles. Un berger raconta que dix jours auparavant, il avait mené paître son troupeau non loin de la prairie où Perséphone se trouvait. Et là, on lui avait enlevé un mouton.

– Enlevé ? Comment ? Qui ? s'écria Déméter.

– Il y a eu un coup de tonnerre à faire tomber les cornes… La terre s'est entrouverte… J'ai eu la peur de ma vie ! Brrrr !

– Et après ?

– J'ai entendu un bruit de galopade… Et puis j'ai vu un char tiré par quatre chevaux couleur de nuit…

– Un char ? Qui tenait les rênes ?

– Je ne sais pas. J'étais trop loin ! Je n'ai pas vu le visage du conducteur. Mais ce qui est sûr, c'est qu'il serrait quelque chose contre lui, ou plutôt quelqu'un… Une femme sans doute, j'ai vu une robe blanche…

Imaginer la scène était une torture pour

Déméter. Émue jusqu'aux larmes, elle ferma les yeux. Puis elle les rouvrit, décidée à agir. Enfin une piste ! Il fallait continuer les recherches. Peu après, elle retrouva la ceinture de Perséphone. Elle la serra contre elle avec émotion. Maintenant, elle savait quoi faire. Preuve en mains, elle alla interroger celui qui parcourt le ciel du levant au couchant chaque jour, Hélios, le Soleil qui voit tout. D'abord, il ne fut pas très bavard :

– Euh… Il y avait quelques nuages… Je n'ai pas bien vu…

– Parle ! Tu sais qui est le ravisseur de ma fille, j'en suis sûre. Alors dis-moi son nom !

Désigner le coupable ne plaisait pas beaucoup à Hélios : il avait peur de déplaire à un dieu bien plus puissant que lui… Mais la colère et le chagrin de Déméter touchèrent le cœur du Soleil. Il finit par murmurer :

– C'est… Tu ne diras pas que c'est moi qui te l'ai appris ?

– Parle, je t'en supplie !

– C'est Hadès.

– Hadès ? Hadès, le dieu des Enfers ?

Déméter était anéantie. Sa fille adorée, sa fille qui aimait tant la vie, le soleil, le grand air, sa

Quel humain a vu l'enlèvement de Perséphone ?

fille avait été emmenée sous terre, au Royaume des Morts ! Quelle horreur ! Comment arracher Perséphone à cette prison ? Hadès était le frère de Zeus, et l'enlèvement n'aurait certainement pas eu lieu si le roi des dieux n'avait pas laissé faire. Cependant Perséphone était aussi sa fille. Mais au fond, il ne s'était pas beaucoup occupé d'elle tandis qu'elle-même, Déméter... Sa fille était son plus grand trésor. Furieuse, la déesse regagna l'Olympe, ce séjour des dieux qu'elle avait abandonné depuis la disparition de Perséphone. Elle se planta devant Zeus et dit :

– Comment as-tu osé permettre à Hadès de voler ma fille ?

– Ne te mets pas en colère, Hadès n'est pas un mauvais choix, c'est un dieu puissant !

– Un choix ? Tu parles de choix ? Mais il l'a enlevée !

– Peut-être... Mais du coup, Perséphone est la reine des Enfers, ce n'est pas rien, tout de même !

Déméter cria, supplia, pleura, menaça : en vain. Alors elle ravala ses larmes et déclara :

– C'est fini. Je quitte l'Olympe pour toujours. Je ne fais plus partie de l'Assemblée des dieux. Et je ne fais plus rien. Plus rien du tout. Adieu !

Or Déméter était la déesse qui nourrissait le monde. Grâce à elle, les graines qui dormaient sous la terre gonflaient, poussaient leur tête à la surface, montaient en tige, en fleurs et en fruits. Désormais, c'était fini.

Le premier hiver dévasta le monde. La neige recouvrit la terre entière. Le gel fendit les pierres. Plus une graine ne germa. Plus une feuille sur les arbres. Les troupeaux moururent. L'humanité grelottante et affamée n'avait plus la force d'honorer les dieux. Si les choses continuaient ainsi, ce serait très vite la fin du monde.

Zeus commença à s'inquiéter. Il envoya une messagère à Déméter. Elle n'écouta rien : qu'on lui rende d'abord sa fille, après, on pourrait discuter. Hadès refusait de libérer Perséphone. C'était l'impasse. Alors Zeus convoqua tout le monde en même temps sur l'Olympe. Déméter accepta de s'y rendre car elle allait enfin revoir sa fille. Et elle la défendrait de toutes ses forces ! On ne la lui reprendrait pas !

Quelle émotion en la retrouvant ! Elle la serra dix fois contre elle, lui toucha les épaules, les bras, les cheveux, le visage, s'assurant qu'elle allait bien, qu'on ne lui avait fait aucun mal.

– Perséphone ne peut être retenue aux Enfers malgré elle, commença Zeus.

Déméter et Perséphone étaient d'accord. Hadès fronça les sourcils. Le roi des dieux continua :

– Mais le roi des Enfers ne peut pas rester sans reine…

Cette fois, ce fut Déméter qui s'alarma. Mais Zeus éleva la voix et termina ainsi :

– Perséphone regrette-t-elle vraiment la surface de la Terre ? Si c'est le cas, elle n'a sûrement rien mangé pendant son séjour souterrain. À cette condition, elle pourra retrouver sa mère…

Tout le monde se tourna vers Perséphone. Oui, elle désirait retourner sur Terre. Non, elle n'avait rien mangé… Enfin, presque rien. Juste quelques grains de grenade, ce fruit gorgé de soleil. Elle n'avait pas résisté à l'envie de le goûter. Cela lui avait rappelé le bonheur de vivre sur Terre dans un perpétuel été…

– Ces quelques grains te rattachent au Royaume des Morts, fit Zeus. C'est le Destin.

– Non ! Non ! protesta Perséphone. Je ne veux pas vivre sous terre !

– Pas pour toujours, expliqua Zeus. Tu passeras quelques mois aux Enfers avec Hadès, et le reste de l'année tu pourras retourner avec Déméter.

La déesse retrouva sa fille avec un bonheur immense. Jamais les moissons ne furent plus belles que cette année-là.

Désormais, pour les humains, se succèdent l'automne et l'hiver avec son manteau de glace quand Perséphone descend aux Enfers. Et quand elle rejoint Déméter, le printemps et l'été font chanter la Terre. Ainsi va le rythme des saisons.

La trop belle Psyché

Que se passait-il donc sur Terre ? Jamais Aphrodite, la déesse de l'amour et de la beauté, n'avait connu une telle honte : ses temples se vidaient de leurs fidèles !

– On m'abandonne ? On n'aime plus la beauté ni l'amour ? Impossible !

La déesse descendit sur Terre incognito et fit le tour de ses principaux temples, Cnide, Paphos, Cythère. Tous désertés. Pourtant, les fidèles chargés de cadeaux ne manquaient pas. Où allaient-ils donc ? Aphrodite se joignit à la foule. Elle entra dans le palais d'un roi qui avait trois filles. Les deux aînées étaient jolies, certes, mais ce n'était rien en comparaison de Psyché, la cadette : quelle beauté éblouissante ! Le bruit courait qu'elle était la déesse Aphrodite en personne, et c'est à elle que les fidèles venaient rendre un culte.

La jalousie submergea la véritable Aphrodite.

– Cette Psyché me fait concurrence ? Je me vengerai !

Au palais du roi, on ne soupçonnait pas la menace divine. Les deux filles aînées trouvèrent sans peine de riches maris et on assista à de beaux mariages. Mais personne ne demanda la main de Psyché. Elle était trop belle. Les éventuels prétendants voyaient en elle une divinité inaccessible, non une femme à épouser. Les parents de Psyché commencèrent à s'inquiéter. Ils finirent par consulter l'oracle de Delphes :

– Pourquoi notre fille ne trouve-t-elle pas de mari ? Que devons-nous faire ?

Au fond de sa grotte obscure, l'oracle cherchait à lire le destin secret de la jeune fille. Que voulaient les dieux ? La réponse fut terrifiante :

– Habillez votre fille en mariée. Attachez-la au sommet d'une montagne et abandonnez-la. Car c'est un monstre qui doit l'épouser, un monstre qui détruit les familles et déchire les cœurs ! Ainsi en ont décidé les dieux.

Le roi et la reine rentrèrent en larmes au palais. Un pareil destin pour leur fille, c'était épouvantable. Mais s'ils désobéissaient, ce serait peut-être pire : la mort des deux autres filles, ou bien une guerre et la destruction du royaume. Quoi d'autre encore ? Les dieux pouvaient tout inventer…

À la tombée de la nuit, un cortège escalada la montagne. Tout le monde pleurait. On aurait dit un enterrement. Psyché fit des adieux déchirants à sa famille. Attachée à son rocher, elle vit les flambeaux du cortège s'éloigner comme un serpent lumineux qui redescendait dans la vallée. Puis, plus rien. Elle était seule. Sa beauté ? Une malédiction. Son destin ? Une mort atroce. Pourquoi ? Pourquoi ?

Brusquement, le vent se leva. Psyché frissonna. Le monstre arrivait-il par les airs ? Elle scruta la nuit sans rien voir, sans rien entendre d'autre que le bruissement de Zéphyr, le vent léger du printemps. Pas du tout la tempête qu'elle imaginait. Soudain, elle sentit que ses liens se défaisaient d'eux-mêmes. Ou bien était-ce la main du vent ? Zéphyr la souleva et la porta à travers l'espace, loin, très loin de tout. Le voyage fut si long qu'elle s'endormit avant de toucher le sol.

Quand elle rouvrit les yeux, il faisait grand jour. Elle était allongée sur une pelouse fraîche, à

Qui va enlever Psyché ?

l'ombre d'un bouquet d'arbres. Autour d'elle, un jardin en fleurs et un palais magnifique. Aucun monstre n'était en vue.

– Mais… l'oracle ? Je ne comprends pas… se dit Psyché.

Elle passa la journée à découvrir le jardin et le palais. Pas âme qui vive. Les portes étaient grandes ouvertes sur des couloirs pavés de marbre, des pièces immenses toutes plus richement meublées les unes que les autres.

Des voix chuchotaient :

– Tout cela est à toi, Psyché. Nous sommes à ton service. Commande, et nous obéirons !

Le soir, Psyché se mit à table. Des plats appétissants furent servis comme par enchantement. Quand ce fut l'heure du coucher, la princesse trouva une chambre luxueuse préparée à son intention. Son seul regret fut de ne pas obtenir la moindre source de lumière malgré sa demande. Elle se retrouva donc seule dans le noir. Pas pour longtemps. Soudain, elle sentit une présence. Est-ce que le monstre était là ? Psyché n'eut pas le temps d'avoir peur.

– Mon amour, dit une voix douce, je suis l'époux que le Destin a choisi pour toi.

Des mots d'amour ? Une voix douce ? L'oracle s'était donc trompé ?

– Qui… Qui êtes-vous ? demanda Psyché.

– Ne me demande pas mon nom. Ne cherche jamais à me voir. Si tu me le promets, nous serons heureux, répondit l'inconnu.

Le mystère des nuits noires et tendres fit son effet : Psyché tomba amoureuse. Mais le jour ? La solitude lui pesa vite. Que devenaient ses parents ? Et ses sœurs ? Tous la croyaient dévorée par un monstre et vivaient avec ce terrible chagrin. Une nuit, Psyché supplia son mari invisible :

– Ils sont trop malheureux, je dois les rassurer. Et j'ai tellement envie de les revoir !

– Les rassurer, soit. Mais souviens-toi de ta promesse. Quoi qu'on te dise, ne cherche jamais à me voir !

Psyché promit. Et elle obtint non seulement de revoir ses sœurs, mais de les faire venir jusqu'à elle, Zéphyr étant à ses ordres. D'abord, ce furent des retrouvailles pleines d'émotion. Mais au fur et à mesure que les sœurs visitaient le palais de Psyché, la jalousie fit son chemin : ces pièces magnifiquement meublées… Ces voix à qui leur sœur cadette commandait… Et elles, les aînées, avaient épousé de vieux rois bien moins riches auxquels elles devaient obéir comme des esclaves !

– Et ton mari, où est-il ?
– Il est jeune ?
– Euh… Oui, enfin… assez… Il est à la chasse… Enfin, non, en voyage…

De peur de trahir sa promesse, Psyché donna l'ordre à Zéphyr de ramener ses sœurs sur Terre.

– Tu as vu comme elle s'est débarrassée de nous ?
– On nous a mises dehors, ou plutôt soufflées dehors !
– Elle ne sait même pas qui est vraiment son mari, ni où il est !

Les aînées étaient folles de jalousie : leur cadette vivait comme une déesse et elles ne pouvaient pas le supporter.

À la visite suivante, elles n'hésitèrent pas à attaquer, mêlant vérités et mensonges :

– Souviens-toi de l'oracle ! Un monstre qui brise les familles et déchire les cœurs !
– Figure-toi que les paysans le voient passer le soir : c'est un immense serpent qui se transforme

la nuit ! Un jour, il te dévorera !

– Et quand tu attendras un enfant, tu imagines ce qui naîtra de toi ?

Psyché frémit des pieds à la tête. Après le départ de ses sœurs, elle ne put oublier leurs paroles. Elle décida, comme le lui avaient suggéré ses aînées, de préparer un poignard et une lampe à huile cachée dans une pièce voisine. Elle verrait son mari. Et si c'était un monstre, elle le tuerait.

Cette nuit-là, quand la créature fut endormie, Psyché hésita longtemps : comment un être aussi tendre avec elle pourrait-il être un monstre ? Mais si ce n'était pas un monstre, pourquoi ne pouvait-elle pas le voir ? Elle ne supportait plus de vivre dans le doute. À pas de loup, elle alla chercher la lampe et le poignard. D'abord, elle vit un corps entortillé dans les draps. Psyché s'approcha, crispée sur son poignard. Elle aperçut un bras et un torse magnifiques, un visage auréolé de fins cheveux blonds.

– Qu'il est… qu'il est beau !

Le jeune homme se tourna dans son sommeil. Psyché distingua nettement deux ailes attachées aux épaules. Au pied du lit, il y avait un arc et des flèches.

C'était Éros, le dieu de l'Amour !

Alors, elle comprit l'oracle : le monstre capable de briser les familles et de déchirer les cœurs, c'était l'Amour !

Le bonheur faisait trembler Psyché. La lampe pencha dangereusement. Soudain, de l'huile bouillante tomba sur l'épaule du dieu.

Éros se réveilla en sursaut, atrocement brûlé. Il comprit au premier coup d'œil.

– Psyché ! Tu m'as trahi !

– Je… C'est mes sœurs… Pardon ! Pardon !

Éros secoua tristement la tête :

– Je vais devoir te quitter…

– Non ! Non !

La fin du secret signifiait la fin du bonheur. Tôt ou tard, Aphrodite saurait. Or c'était la mère d'Éros et elle n'apprécierait pas du tout ce que son fils avait fait :

– Je lui ai menti… Elle m'avait ordonné de t'envoyer une flèche pour te rendre amoureuse d'un vrai monstre. Mais quand je t'ai vue, j'ai été si ému que je me suis piqué à ma propre flèche !

Psyché tomba à genoux, désespérée. Par amour pour elle, Éros avait désobéi, et c'est elle-

À quoi Psyché reconnaît-elle Éros ?

même qui venait de faire son propre malheur. Quant à Éros, il n'avait pas le choix : il devait aller soigner sa brûlure chez les dieux. Incapable de voler à cause de sa blessure, il appela Zéphyr et disparut.

Par crainte de déplaire à Aphrodite, tout le monde le rejeta. Le jeune dieu fut bien obligé de retourner chez sa mère. Aphrodite était hors d'elle :

– Comment ? Cette Psyché devait être punie et tu l'as récompensée ? En plus, elle t'a brûlé ? Ah, ça ne va pas se passer comme ça !

Aphrodite enferma son fils dans sa chambre, se précipita chez Hermès, le messager des dieux, et lança une vaste campagne de recherche. Elle ferait payer à cette misérable Psyché ce qu'elle avait subi : ses temples désertés, son fils séduit et blessé.

Pendant ce temps, que devenait la jeune femme ? Quand Éros s'était envolé, le palais magique avait disparu. Psyché erra misérablement en cherchant le moyen de retrouver celui qu'elle aimait. Elle pria les dieux et les déesses, les sources, les vents, les oiseaux, les forêts… Pas de réponse. Personne ne voulait se fâcher avec Aphrodite.

Comme elle était partout recherchée et que personne ne lui venait en aide, Psyché préféra se livrer elle-même. Aphrodite triompha :

– Misérable mortelle ! Tu as osé te comparer à moi ?

– Mais je n'ai pas voulu…

– Tais-toi ! En plus, tu as séduit mon fils, tu l'as trahi et tu l'as brûlé ! Ta punition sera à la hauteur de tes crimes.

Aphrodite tendit une petite boîte à Psyché et lui donna un ordre terrifiant :

– Descends aux Enfers. Tu demanderas à Perséphone, l'épouse d'Hadès, de déposer un peu de sa beauté dans la boîte. Pars sur le champ.

Psyché prit l'objet en tremblant. L'ordre était clair : aller chez Hadès, c'était une condamnation à mort. Car comment rejoindre les Enfers si on était vivant ? De toute façon, Éros l'avait abandonnée. Alors elle monta au sommet d'une tour, prête à se jeter d'en haut pour gagner les Enfers. Mais quand elle atteignit la dernière marche, la Tour prit la parole :

– Si tu sautes, bien sûr tu descendras aux Enfers. Mais tu n'en reviendras pas…

– Oh, ça m'est égal. Ma vie ne vaut plus rien.

– Ne sois pas si négative ! Je connais un autre chemin…

L'amitié de la Tour rendit son courage à Psyché. Elle suivit ses conseils : descendre dans une grotte, donner une pièce à Charon, le passeur de l'au-delà, jeter un gâteau de miel à Cerbère, le chien à trois têtes qui gardait la porte des Enfers et surtout ne rien manger, ce serait un piège pour l'empêcher de revoir la lumière du jour.

Psyché suivit toutes les consignes. Elle frissonna d'horreur en croisant les morts au teint pâle, mais elle poursuivit son chemin jusqu'à Perséphone et se jeta à ses pieds. Elle transmit le message d'Aphrodite en présentant la boîte. On la lui rendit peu après.

Psyché quitta les Enfers plus vite qu'elle n'était descendue. Mission accomplie ! À la grande fureur d'Aphrodite, qui croyait s'être définitivement débarrassée d'elle !

De son côté, Éros se remettait de sa blessure à l'épaule. Mais ce qui ne guérirait jamais, c'était son amour pour Psyché. Or il savait bien que jamais sa mère n'accepterait que son fils épouse une mortelle dont la beauté concurrençait la sienne. À moins que…

Éros ouvrit les ailes. Son épaule le faisait encore souffrir, mais il pouvait voler à nouveau. Il s'enfuit par la fenêtre et monta sur l'Olympe, où vivent les divinités. Il s'adressa directement à Zeus, le roi des dieux.

– Je dois la vie à ma mère, c'est vrai. Mais j'aime Psyché plus que tout au monde. Je ne veux pas me séparer d'elle !

Comment refuser son aide à l'Amour en personne ? Zeus aimait trop Éros. Il fit venir Psyché et lui donna à boire une coupe d'ambroisie, la liqueur d'immortalité.

Puis il convoqua l'Assemblée des Dieux. Aphrodite faillit faire un scandale en apercevant la jeune femme à côté d'Éros.

– Que fait ici cette fille ? C'est une mortelle, elle n'a rien à faire parmi les dieux !

– Tu veux le bonheur de ton fils ? répondit Zeus. Alors accepte celle qu'il a choisie ! De toute façon, c'est désormais l'une des nôtres : elle a bu l'ambroisie.

Cette fois, Aphrodite resta sans voix. Quant à l'Assemblée des Dieux, elle approuva la décision de Zeus.

Finalement, tout s'arrangea au mieux pour Aphrodite : comme elle n'avait plus de beauté concurrente sur Terre, ses temples retrouvèrent leurs fidèles.

1
la **Macédoine**
Région montagneuse au nord de la Grèce.

2
une **mésaventure**
Aventure qui tourne mal.

3
excité
Très agité.

4
une **malédiction**
Parole qui apporte le malheur.

5
charrier
Transporter des matériaux comme du sable, des graviers ou de l'or.

6
volatilisé
Disparu comme par magie.

7
une **houlette**
Bâton recourbé des bergers.

8
la **panique**
Très grande peur.

9
une **vitesse surnaturelle**
Vitesse qui dépasse les possibilités normales de la nature.

10
une **prêtresse**
Femme qui rend un culte aux dieux.

11
errer
Aller et venir sans direction précise.

12
le **Chaos**
Désordre et mélange des éléments avant la création du monde.

13
ingénieux
Capable d'inventer.

14
la **terre glaise**
Terre que l'on peut modeler, utilisée par les potiers, les sculpteurs.

15
une **ébauche**
Brouillon d'une œuvre.

16
inspirer
Donner des idées.

17
le **mépris**
Mauvaise opinion que l'on a de quelqu'un qu'on juge inférieur. Contraire de l'admiration.

18
une **lyre**
Instrument de musique à cordes.

19
comme **dotées d'oreilles**
Comme si elles avaient des oreilles et entendaient.

20
les **funérailles**
Cérémonie pour un enterrement.

21
le **passeur de l'au-delà**
Charon fait traverser le fleuve des Enfers aux âmes des morts.

Pour t'aider à lire

22
hisser
Faire monter avec effort.

23
un **crissement**
Frottement qui
provoque un bruit aigu.

24
effleurer
Toucher à peine.

25
affronter
Aller au-devant
de toutes les difficultés
avec courage.

26
resplendir
Briller de mille feux.

27
consterné
Abattu, désolé.

28
un **mors**
Pièce de métal placée
dans la bouche des
chevaux pour les diriger.

29
le **poitrail**
Poitrine d'un animal.

30
tanguer
Se balancer d'avant
en arrière.

31
le cœur **dévasté**
Le cœur brisé par
le chagrin.

32
s'effondrer
S'écrouler sous le poids
du malheur.

33
se planter
Se tenir debout immobile et décidé.

34
perpétuel
Sans fin.

35
incognito
Sans qu'on la reconnaisse.

36
inaccessible
Qu'on ne peut pas atteindre.

37
un **oracle**
Personne qui interroge les dieux et transmet leurs réponses.

38
scruter
Regarder avec beaucoup d'attention.

39
par **enchantement**
De façon magique.

40
auréolé
Entouré d'une couronne de lumière.

Pour t'aider à lire

Les aventures du rat vert

- 1 Le robot de Ratus
- 3 Les champignons de Ratus
- 6 Ratus raconte ses vacances
- 7 Le cadeau de Mamie Ratus
- 8 Ratus et la télévision
- 15 Ratus se déguise
- 19 Les mensonges de Ratus
- 21 Ratus écrit un livre
- 23 L'anniversaire de Ratus
- 26 Ratus à l'école du cirque
- 29 Ratus et le sapin-cactus
- 36 Ratus et le poisson-fou
- 39 Noël chez Mamie Ratus
- 40 Ratus et les puces savantes
- 46 Ratus en ballon
- 47 Ratus père Noël
- 50 Ratus à l'école
- 54 Un nouvel ami pour Ratus
- 57 Ratus et le monstre du lac
- 61 Ratus et le trésor du pirate
- 67 Les belles vacances de Ratus
- 1 Ratus chez le coiffeur
- 2 Ratus et les lapins
- 3 Les parapluies de Mamie Ratus
- 8 La visite de Mamie Ratus
- 9 Ratus aux sports d'hiver
- 13 Ratus pique-nique
- 23 Ratus sur la route des vacances
- 27 La grosse bêtise de Ratus
- 31 Le secret de Mamie Ratus
- 38 Ratus chez les robots
- 41 Ratus à la ferme
- 46 Ratus champion de tennis
- 56 Ratus et l'œuf magique
- 60 Ratus et le barbu turlututu
- 64 Ratus chez les cow-boys
- 66 Le jeu vidéo de Ratus
- 5 Les fantômes de Mamie Ratus
- 8 La classe de Ratus en voyage
- 12 Ratus en Afrique
- 16 Ratus et l'étrange maîtresse
- 26 Ratus à l'hôpital
- 29 Ratus et la petite princesse
- 31 Ratus et le sorcier
- 33 Ratus gardien de zoo
- 47 En vacances chez Ratus
- 52 Ratus le chevalier vert

Super-Mamie et la forêt interdite

- 42 Super-Mamie et le dragon
- 44 Les farces magiques de Super-Mamie
- 48 Le drôle de cadeau de Super-Mamie
- 59 Super-Mamie et le coiffeur fou
- 42 Au secours, Super-Mamie !
- 45 Super-Mamie et la machine à rétrécir
- 57 Super-Mamie, dentiste royale
- 62 Le Grand Baboul fait la classe

Les histoires de toujours

- 27 Icare, l'homme-oiseau
- 32 Les aventures du chat botté
- 35 Les moutons de Panurge
- 37 Le malin petit tailleur
- 41 Histoires et proverbes d'animaux
- 49 Pégase, le cheval ailé
- 26 Le cheval de Troie
- 43 La légende des santons de Provence
- 49 Les malheurs du père Noël
- 52 À l'école de grand-père
- 21 L'extraordinaire voyage d'Ulysse
- 36 Les douze travaux d'Hercule
- 46 Les mille et une nuits de Shéhérazade
- 49 La malédiction de Toutankhamon
- 50 Christophe Colomb et le Nouveau Monde
- 53 Des dieux et des héros

Collection Ratus Poche

Ralette, drôle de chipie

- 10 Ralette au feu d'artifice
- 11 Ralette fait des crêpes
- 13 Ralette fait du camping
- 18 Ralette fait du judo
- 24 Une surprise pour Ralette
- 28 Le poney de Ralette
- 38 Ralette, reine du carnaval
- 45 Ralette, la super-chipie !
- 51 Joyeux Noël, Ralette !
- 56 Ralette, reine de la magie
- 62 Ralette et son chien
- 70 En voiture, Ralette !
- 4 Ralette n'a peur de rien
- 6 Mais où est Ralette ?
- 44 Les amoureux de Ralette

L'école de Mme Bégonia

- 11 Drôle de maîtresse
- 25 Un voleur à l'école
- 33 Un chien à l'école

La classe de 6e

- 44 La classe de 6e au Puy du Fou
- 48 La classe de 6e contre les troisièmes

Collection Ratus Poche

Les imbattables

- 54 La rentrée de Manon
- 55 Le chien de Quentin
- 58 Barnabé est amoureux !
- 61 Le courage de Manon
- 63 Le mystère du cheval sauvage
- 65 Les éléphants en danger
- 67 Manon et le bébé loup
- 68 Les imbattables aux jeux olympiques

Baptiste et Clara

- 30 Baptiste et le requin
- 40 Clara et la robe de ses rêves
- 51 Clara et le secret de Noël
- 53 Les vacances de Clara
- 59 Clara fait du cinéma
- 38 Clara superstar
- 41 Clara et le garçon du cirque
- 43 Clara, reine des fleurs
- 45 Clara et le cheval noir
- 51 Clara et le dauphin

Francette top secrète

- 52 Mystère à l'école
- 53 Drôle de momie !
- 55 Mission Noël
- 58 Enquête à quatre pattes
- 60 Le fantôme de Trucmachin
- 64 Vacances au Pouloulou
- 68 Justin à la folie

M. Loup et Compagnie

- 63 Mission petite souris
- 65 SOS, père Noël !
- 66 Trop bon, le dinosaure !
- 69 Attention, ouistiti !

Conception graphique couverture : Pouty Design
Conception graphique intérieur : Jean Yves Grall • mise en page : Atelier JMH

Imprimé en France par Pollina, 85400 Luçon - n° L59131
Dépôt légal : 95878-6/01 - Janvier 2012